MICHAEL FINK

Freispiel Impulse

Werkstatt

HERDER

FREIBURG · BASEL · WIEN

MIX
Papier | Fördert gute Waldnutzung
FSC® C010798

www.herder.de

Umschlaggestaltung: Sabine Ufer, Annett Jana Berndt
Umschlagfoto und Fotos im Innenteil: Michael Fink

Satz und Gestaltung: Sabine Ufer, Annett Jana Berndt

Herstellung: Graspo CZ, Zlín
Printed in the Czech Republic

ISBN (Print) 978-3-451-39530-7
ISBN E-Book (EPUB) 978-3-451-83140-9
ISBN E-Book (PDF) 978-3-451-83141-6

Inhalt

Vom Werken

In diesem Buch geht es um das Werken im Kindergarten. Bevor ich 25 Ideen für Freispiel-Impulse zu diesem Thema vorstelle, ist es sinnvoll, über den Begriff des Werkens nachzudenken. Im Wort steckt das Werk. Aber muss beim Tun in der Werkstatt immer ein „Werk" herauskommen? Kleine Kinder haben die ungeheure Fähigkeit, sich sehr intensiv einer interessanten Tätigkeit zu widmen. Was man in Tun erleben, verändern, erfahren kann, ist ihnen viel wichtiger als ein Ergebnis, das man damit erzielen kann. Gute Impulse zum Thema Werken sollten Kinder also weniger anregen, ein konkretes Objekt zu bauen – wie etwa ein hübsches Vogelhaus – sondern Kindern Lust machen, ein besonderes Material, ein spannendes Werkzeug oder eine pfiffige Technik auszuprobieren.

Vielfalt ist Trumpf

Wie sieht Werken im Kindergarten aus? Viele Menschen denken dabei automatisch zuerst an Holzarbeiten. Aber es gibt unterschiedlichste Materialien, die sich bearbeiten lassen: Metalle, Plastikarten, Folien und eine Vielzahl von spannenden Verbindungsmaterialien vom Kabelbinder bis zum Gipskartondübel. Zu einer vielfältigen Werkstatt für Kinder gehört es dazu, den Kindern all diese Materialien und Werkzeuge schmackhaft zu machen.

Selbstwirksamkeit erleben

Kinder lieben es, Tätigkeiten und Werkzeuge auszuprobieren, um Dinge zu verändern. Setzt man die Feinblechschere an Alu oder die Lochzange am Fahrradschlauch an, verändern sich die Dinge durch eigene Kraft. Dass ich gut gearbeitet habe, braucht kein Erwachsener durch Lob zu bestätigen: Das Ergebnis – Stock abgesägt, Plastikbecher gelocht – beweist es klipp und klar: „Ich kann was!"

Freispiel und Werkstatt – passt das zusammen?

Bei den Freispiel-Impulsen in diesem Buch geht es nicht darum, einfach nur Material bereitzulegen und von der Außenlinie zuzuschauen, was das Kind damit macht. Stattdessen sind Sie bei den ersten Malen gefragt, um den Kindern zu zeigen: So geht das! Hier ist es gut, wenn ihr euch helft, wie ich jetzt dir! Schau mal, damit kann man so etwas machen! Und: Achtung, hier musst du aufpassen! Wichtig ist auch die Ermunterung, denn viele der vorgestellten Techniken lernen Kinder nicht beim ersten Ausprobieren, sondern nach mehrmaligem Scheitern und Dranbleiben: Noch mal, dann klappt es perfekt!
Die wohl wichtigste Arbeit leisten PädagogInnen jedoch *vor* jedem Freispiel: Es ist die bewusste Auswahl der bereitgestellten Materialien. Die Idee bei den hier vorgestellten Freispiel-Impulsen ist es, jeweils Materialien zusammentreffen zu lassen, mit denen es sich auf bestmögliche Weise werken lässt. Wenn eine für Kinderhände passende Zange auf ein dünnes Blech trifft, wenn ein Akkubohrer mit Holzbohrspitze auf weiches Holz trifft, erfahren die Kinder, was man beim Werken bewirken kann.

Die Sache mit der Sicherheit

Sicherheit entsteht durch Erfahrung

„Huch, die Kinder dürfen bei euch schon mit Akkubohrer arbeiten?" Solche Fragen sind kaum vermeidbar, wenn man Kindern in der Werkstatt viel zutraut. Die Antwort könnte lauten: „Sie dürfen es, damit sie es immer besser können. Ich ermögliche den Kindern hier, unter meiner Aufsicht, den richtigen Umgang mit Werkzeugen, damit sie lernen können, gefährliche und zugleich spannende Tätigkeiten auszuführen." Denn eigentlich weiß jeder: Wenn man Kinder von alltäglichen Gefahren fernhält, lernen sie den Umgang damit nicht.

Sicherheit entsteht durch Übersicht und Klarheit

Aufsichtspflicht heißt gerade in der Werkstatt: Man muss für jedes Kind entscheiden, was man ihm schon zutrauen kann. Wie aber lässt sich da gerade in Freispielphasen Übersicht bewahren? Indem die Kinder „Führerscheine" ablegen, am besten sogar mit einzelnen Stempeln: „Den Sägestempel hast du schon, super. Wollen wir heute mal schauen, ob du auch den für den Standbohrer kriegst?"

Solche Führerscheine machen es den Kindern transparent, was man können und beachten muss, um etwas „gefährlichere" Dinge zu tun.

Sicherheit entsteht durch gute Qualität

Viele Verletzungen entstehen, wenn die Kinder mit viel Kraft arbeiten: Die Säge kommt nicht durchs Holz, dann drücke ich eben stärker! Schuld ist in Kinderwerkstätten oft die schlechte Werkzeugqualität. Mit stumpfen Bohrern und Sägen braucht man viel mehr Kraft. Auch wenn die gut geschliffene Japansäge oder die frische Bohrspitze schärfer sind, können Kinder damit gefahrloser arbeiten, weil es mit Leichtigkeit vonstattengeht.

Sicherheit entsteht durch freie Hände

Die meisten Verletzungen beim Werken entstehen, wenn man mit einer Hand festhält, was die andere bearbeitet: Verbrennung mit Heißkleber, Schnitte beim Schnitzen, Kratzer beim Schleifen. Gut, dass man dagegen etwas machen kann: Das Werkstück am Tisch befestigen! Werden Holz und Metall im Schraubstock eingespannt, kann man gefahrenarm darauf herumhämmern.

Sicherheit entsteht durch Verantwortung

Trotz alledem sind Werkstätten und Werkecken natürlich gefahrenträchtiger als andere Raumbereiche im Kindergarten. Das bedeutet: Ohne das Prinzip der Aufsichtspflicht ernst zu nehmen, könnte es riskant werden. Und das heißt: Die Kinder brauchen Freiraum für selbstverantwortliches Handeln – müssen aber jederzeit das Gefühl haben, dass jemand ihr Tun im Blick hat. Abgelegene Räume, bei denen die Kinder unter sich sind, entsprechen dem Prinzip nicht. Gerade bei offen arbeitenden Kitas ist die Festlegung wichtig, wer wann für den Raum verantwortlich ist – und wann er gegebenenfalls nicht geöffnet ist.

Technik ausprobieren

Das Wort „Technik“ hat mehrere Bedeutungen. Einerseits bezeichnet man damit die Beherrschung einer wiederholbaren, lernbaren Fertigkeit. Andererseits verstehen wir darunter Geräte mit und ohne elektrischen Antrieb, die uns Arbeiten erleichtern oder möglich machen. Beides ist für viele Kinder ein sehr guter Grund, in die Werkstatt zu kommen. Sie wollen die Funktion von geheimnisvollen Werkzeugen zu erkunden: „Was macht man damit?“ Bei ihren ersten elektrischen Werkzeugen wie Klebepistole und Akkubohrer fragen sie sich: Traue ich mich, kann ich damit umgehen?
Aber auch im erstgenannten Sinne wollen sie Technik erfahren: „Ich will lernen, wie man was sägt!“.
Bei vielen der Werkstatt-Stationen steht beides im Mittelpunkt: Es geht darum, handwerkliche Techniken im freien Ausprobieren zu lernen. Und dabei Werkzeuge und Verbindungsmaterialien mit und ohne Strom sinnvoll einzusetzen.

Holz stecken und kleben mit Holzdübeln

✦ **Material:** kleine Holzstücke, Aststücke von 2–4 cm Dicke, weiche Holzplatten, Holzdübel, Sägen (VB), Bohrer (mit und ohne Strom) mit Holzbohrspitze, Einmachgummi oder Klebeband, Holzleim, Holzdübel

Die Idee

Kleinen Kindern fällt es schwer, sich in großen Rohmaterialien wie einer rechteckigen Holzplatte ein daraus zu bauendes Objekt vorzustellen. Viel leichter kommen ihnen die Ideen, wenn sie viele kleine, lustig geformte Stücke in die Hand nehmen und nur noch verbinden müssen: „Das Holzstück wird der Kopf, dieses der Bauch, dann noch Beine …“ Also legen Sie bei diesem Freispielimpuls Holz in handlichen und interessanten Formen bereit.
Schwierig ist es für Kinder, dicke Holzstücke zu nageln oder zu schrauben. Eine gute Alternative sind Holzdübel, mit denen man auch schwierige Verbindungen hinbekommt. Alles, was man dafür braucht, ist ein Bohrer mit Holzbohrspitze in der Größe des Dübels.

Vorher...

... beschaffen Sie kleinere Holzstücke, mal dreieckig, mal lang, mal rund. Große Holzplatten möglichst krumm und schief kleinsägen.
... bringen Sie an der Holzbohrspitze in etwa 1 cm Höhe eine Markierung mit Lack oder Klebeband an, die warnt: So tief solltest du bohren, tiefer nicht.

So geht's

Zeigen Sie neuen Kindern, wie man mit Akkubohrer oder Handbohrer ein etwa 1 cm tiefes Loch in zwei Holzstücke bohrt. Dann muss man nur noch einen passenden Dübel in eines der Löcher stecken und das andere Stück aufstecken – hält. Wenn die Verbindung für immer halten soll, gibt man vorher in beide Löcher einen Tropfen Holzleim.

Fertigteil-Baustelle

✦ **Material:** dünne zugesägte Quadratleisten, leicht sägbare Sperrholzplatten, evtl. Pappröhren, Käseschachteln, Obststiegen, Bastelklebstoff oder Holzleim oder Heißkleber, evtl. Hammer, evtl. Dachpappstifte, evtl. Drillbohrer, evtl. dünne Schaschlikstäbe oder Streichhölzer

Die Idee

Clou dieses Materialsets ist eine große Menge gleichlanger Stäbe. Die Holzstücke erlauben es Kindern, auch ohne ausgefeilte Baupläne schnell Ideen für den Bau von Möbeln, Miniaturhäusern oder Fahrzeugen zu entwickeln.

Vorher...

... mehrere Quadratleisten (12 x 12 x 900 oder 1000 mm) in etwa 15 cm lange Stücke zersägen. Sorgen Sie für Formenvielfalt bei Holzplatten: dünne Sperrholzplatten, aber auch runde Käseschachteln etc.

So geht's

Eigentlich erklärt sich das Bauen mit den Hölzern von selbst: Vier Stöcke aufgestellt unter eine Platte ergibt eine Art Tisch oder Stockwerk. Oder man legt erst vier Stöcke zum Quadrat und stellt auf jede Ecke einen weiteren Stab auf, um oben ein weiteres Quadrat aufzulegen: So entsteht ein Würfel, der vielleicht zum Turm, zum Gehäuse einer Maschine oder zum Fahrgastraum eines Lastautos wird.

Vermitteln Sie den Kindern je nach Fähigkeiten und Alter passende Verbindungstechniken: Anfänger kleben die Hölzer mit Heißkleber oder Holzleim, wobei für Letzteres Einspannen nötig ist. Profis nageln entweder Sperrholzplatten mit Dachpappenstiften fest oder bohren mit dem Drillbohrer Löcher in Platten und Stäbe, um diese durch das Einstecken von Streichholz oder Zahnstocher zu verbinden.

BROXTON
'58

Schwemmholz, total abgebürstet

✦ **Material:** verzweigte Äste, Schwemmholz, Totholzstücke aus dem Wald, Feilen, Drahtbürsten, Akkubohrer, Säge, Holzdübel, Schmirgelpapier, evtl. Drillbohrer

Die Idee

Besonders schön geformt und damit Grundlage für Bau-Ideen ist Holz aus der Natur – krumm gewachsene Aststücke, vom Wasser verformtes Schwemmholz, von der Natur teilweise aufgelöstes Totholz. Beim Bearbeiten mit Drahtbürste und Feile verändern sie sich – und inspirieren die Kinder schnell zum Bau von Lebewesen oder interessanten Skulpturen.

Vorher …

… besorgen Sie Schwemmholz am Ufer von Flüssen und Seen und / oder faulige Holzstücke im Wald. Lassen Sie nasses Holz einen Tag trocknen. Richten Sie eine Ecke ein, wo der Dreck beim Abbürsten des Holzes wenig stört. Eine gute Unterlage könnte eine Auto-Fußmatte sein.

So geht's

Zeigen Sie den Kindern, wie man die Holzstücke mit der Drahtbürste reinigen kann. Am besten geht´s, wenn man das Holz einspannt oder auf dem Boden abstützt und dann von oben nach unten bürstet. Ist die gröbste weiche Schicht entfernt, kann mit Feilen und Schmirgelpapier daran gearbeitet werden, bis das Holz ganz hell aussieht. Mit einer Säge kann das Werkstück anschließend gekürzt und verändert werden.

Um das weiche Holz miteinander zu verbinden, bietet sich die Holzdübel-Stecktechnik an.
Vermitteln Sie, wie man mit Akku- oder Handbohrer Löcher in beide zu verbindenden Teile bohrt, einen Tropfen Kleber hinzufügt und durch Einstecken eines Dübels verbindet.

Wabenpappe, wohlverschraubt

✦ **Material:** Wabenpappe-Reststücke, lange Holzschrauben, passender Schraubenzieher, evtl. Montagekleber, kleinere Papp- und Plastikteile nach Bedarf

Die Idee

Immer häufiger findet sich in größeren Paketsendungen Stücke der sogenannte Wabenpappe als Abstandhalter – ein tolles leichtes Baumaterial! Ideal zum Verbinden sind große Schrauben, die sich leicht, aber trotzdem exakt in das Pappmaterial einschrauben lassen.

Vorher …

… bitten Sie Eltern, Wabenpappe aus Paketsendungen für die Kinder beiseitezulegen. Auch bei Möbelgeschäften und Co. in der Nachbarschaft lohnt sich die Nachfrage. Beschaffen Sie sogenannte Holzschrauben (aus Metall, eigentlich zum Zusammenschrauben von Holzplatten), die 5–8 cm lang sind. Für unsere Zwecke genügen dabei auch verwendete, schon etwas lädierte Schrauben.

So geht's

Führen Sie den Kindern vor, wie leicht sich zwei Wabenpappen-Stücke „um die Ecke" verbinden lassen: Ein Wabenpappe-Stück stellt man aufrecht hin und legt das zweite flach darauf. Nun kann man eine lange Schraube durch die liegende Pappe drücken, um sie dann vorsichtig in die darunter stehende Pappe zu schrauben. Hält ziemlich fest, oder?
Weil dadurch automatsch interessante Winkel-Konstruktionen entstehen, kommen die Kinder schnell auf Ideen, was man mit dieser Technik bauen könnte: Möbel, Papphäuser, sehr eckige Figuren – oder auch Laptops, verziert mit bunten Tastatur-Buchstaben aus ausgedienten Getränkeflaschenverschlüssen …

Stanzplatz

✦ **Material:** Hohlstanzer-Set, Stanz-Buchstaben, verschiedene Locheisen, Hammer, Holzbrettchen aus Birkenholz, Metallbleche, Feinblechschere, Puk-Säge, festes Holzbrett als Unterlage, evtl. Moosgummi

Die Idee

Beim Stanzen darf man kräftig hämmern – und hinterlässt damit interessante Muster oder gar Namenszüge in Metall und Holz. Am Stanzplatz liegt alles bereit, um in weichen Hölzern oder weichen Blechen dekorative Abdrücke zu hinterlassen. Und aus Moosgummi lassen sich interessante Forme herausstanzen.

Vorher ...

... bereiten Sie Metallstücke vor: Schneiden Sie aus Alu-Tortenschalen große Stücke heraus. Legen Sie ein festes Holzbrett als Unterlage zum Hämmern bereit – in einer Raumecke, wo es lauter zugehen darf.

So geht's

Führen Sie vor, wie man mit den angebotenen Werkzeugen sicher und erfolgreich stanzt: Die Hohlstanzer, eigentlich eine Art Ausstecher-Form mit angeschliffenem Rand, setzt man auf Holz, Metall oder Moosgummi auf und hämmert von oben auf den Rand, am besten ohne Verschieben der Form. Aus dünneren Materialien wie Sperrholz, Leder, Fahrradschlauch lassen sich damit exakte Löcher in verschiedenen Formen ausstanzen.
Auf Stanzeisen wird wie beim Nagel von oben mit dem Hammer geschlagen, um Kreise aufzuhämmern oder durchzuschlagen.
Mit den überaus beliebten Stanz-Buchstaben hält das Thema „Literacy" plötzlich Einzug in der Werkstatt: „Wie schreibt man das?"

F I N K

Fliegengitter-Drahtkunst

✦ **Material:** Alu-Fliegengitter, verschiedene feine Drähte, Feinblechschere oder starke Schere, Seitenschneider; allerlei Metallteile wie dicke Schrauben, Unterlegscheiben, Winkel, Schraubenmuttern

Die Idee

An dieser Werk-Station trifft Metall-Fliegengitter auf feinen Draht und eine Auswahl glänzender Metallteile. Toll am Drahtgitter und am Draht ist deren Biegsamkeit: Man kann dem Material eine gewünschte Form aufzwingen, es fordert allerdings die Kraft und Geschicklichkeit der Kinder heraus.

Vorher ...

... schneiden Sie aus dem Fenstergitter ein paar inspirierende Stücke aus. Auch vom Draht können Sie Stücke in verschiedenen Längen vorbreiten, damit kleinere Kinder gleich losbiegen können. Stellen Sie ein Beispielstück her, bei dem Sie in ein Stück Fliegengitter einen Draht „einnähen“, um diese simple Technik zum Herstellen stabiler Formen zeigen zu können.

So geht's

Zeigen Sie den Kindern, wie man Draht mit dem Seitenschneider abknipst: Zwischen die „Backen“ der Zange halten, Zange mit einem Griff auf den Tisch abstützen, den anderen Griff kräftig drücken. Führen Sie vor, wie leicht sich das Fenstergitter mit einer guten Schere schneiden lässt. Zeigen Sie, wie es sich gerade falten lässt, wenn man es um einen geraden Gegenstand wie ein Lineal faltet. Zeigen Sie, wie man Draht mithilfe der Rundzange biegen kann: Draht einklemmen, Zange drehen – Kringel fertig! Vermitteln Sie auch die „Näh-Technik“, bei der feiner Draht wie beim Nähen durch die Maschen des Fliegengitters gesteckt wird.

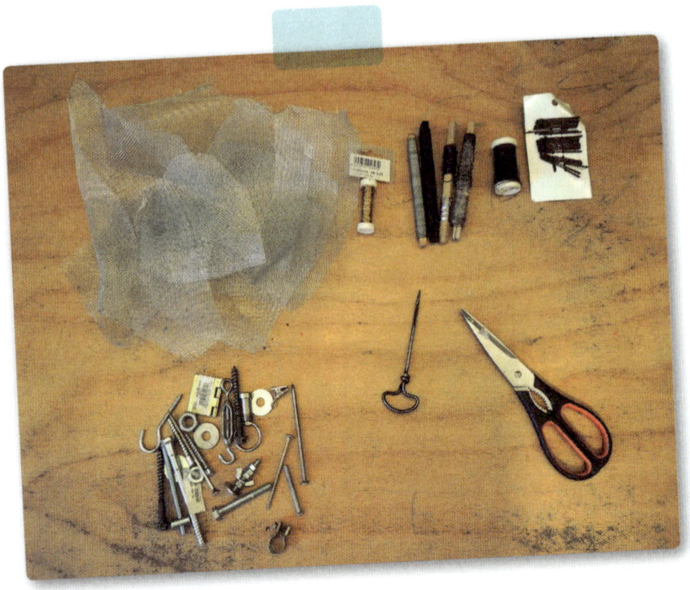

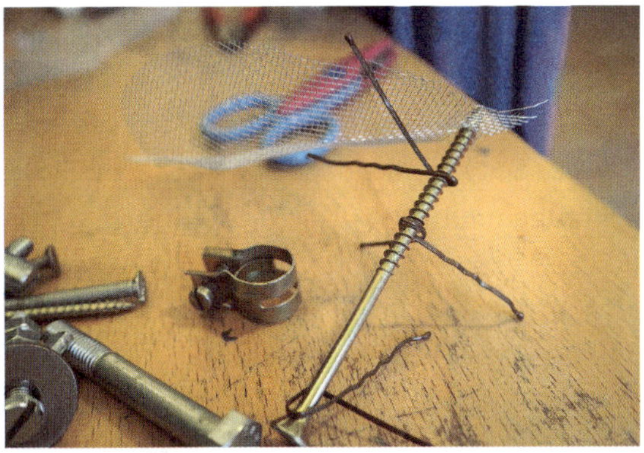

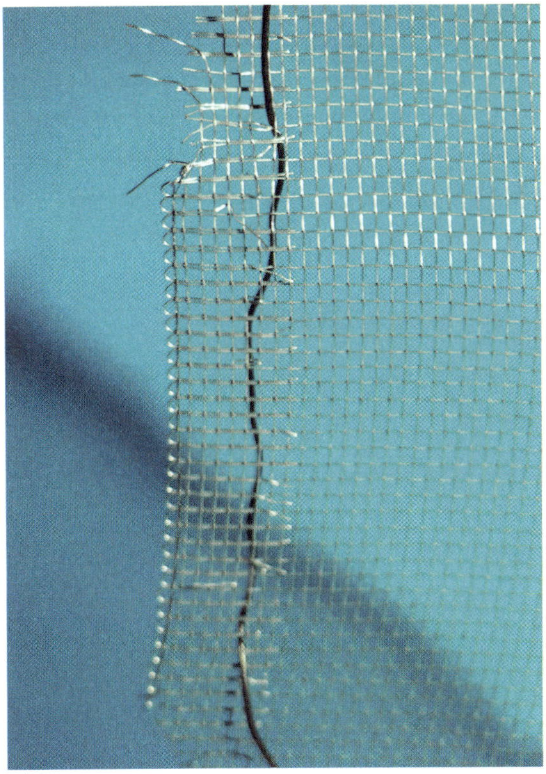

Welten gestalten

Etwas gestalten heißt: Was man sich vorher nur gedacht oder aufgemalt hat, bekommt Gestalt. Eine Vorstellung wird Realität.

Man könnte Kinder, die in die Werkstatt kommen, in zwei Gruppen teilen: Die einen wollen vor allem Werkzeuge ausprobieren und Material bearbeiten, die anderen haben ein konkretes Projekt im Kopf, das sie gestalten wollen. Ziemlich oft geht es dabei darum, sich durch das Gestalten ein Bild von der jeweiligen Sache zu machen: Wie wäre es, ein Auto zu haben oder in einem eigenen Haus zu wohnen?

An vielen der im Buch vorgestellten Werkstatt-Stationen ist offen, was dort entsteht. An anderen entstehen konkrete Dinge, und es ist sofort klar: Hier kann man Autos bauen oder Häuser gestalten, und genau das will ich tun. Welche Gestalt aber Auto, Haus, Marionette haben werden, davon lasse ich mich überraschen, und ich entscheide es selbst – wie bei jeder anderen Station im Werkraum.

Fahrzeugfabrik

✦ **Material:** runde Bierdeckel, Strohhalme (Papier), Schaschlikstäbe, Korken, eventuell Milchkartondeckel, „Dachpappstifte“ (Nägel mit breitem Kopf), Milchkarton und / oder kleine Pappkisten, Schere, doppelseitiges / einseitiges Klebeband, Tomatenmesser, Hammer, evtl. Heißkleber, weiteres Deko-Material nach Bedarf

Die Idee

An dieser Station liegen Dinge bereit, um Autos, Busse, Lastwagen oder Züge zu bauen, die sich ausgesprochen elegant fortbewegen. Clou ist die Radachse aus Schaschlikstab und Strohhalm mit „Kugellager-Effekt“.

Vorher …

… errichten Sie eine Teststrecke: Entweder liegt ein Brett als schiefe Ebene auf dem Boden, eine Seite erhöht. Oder Sie verknoten für den Gummiband-Antrieb drei Gummibänder zu einem im gespannten Zustand etwa 40 cm langen Band, das sie zwischen zwei Stuhlbeine spannen: Ideal zum „Abschießen“ flotter Flitzer!

So geht's

Zeigen Sie den Kindern, wie man das Grundelement für gut rollende Fahrzeuge herstellt, nämlich die Radachse. Dafür steckt man einen Schaschlikstab durch einen Strohhalm. Oft muss man den Halm vorher mit der Schere kürzen, damit der Stab an beiden Seiten mindestens 3 cm hinausschaut. Nun steckt man auf der spitzen Seite des Stabes einen Korken auf. Um auf die „stumpfe“ Seite des Schaschlikstab auch einen Korken aufzustecken, muss man erst mit dem Kastanienbohrer ein Loch hineinbohren. Lässt man zwischen Korken und Strohhalm auf beiden Seiten ein wenig Schaschlikstab sichtbar, kann sich der Korken-Stab hervorragend im Strohhalm drehen. Räder bringt man an den Korken an, indem man einen Bierdeckel mit einem Dachpappenstift festnagelt. Das Ganze macht man zweimal – fertig sind vier gut drehende Räder, die nur noch unter einem Milchkarton festgeklebt werden müssen, der nach Belieben umgebaut und dekoriert werden kann.

FRISCHE
VOLL
MILCH

Papp-Bauplatz

✦ **Material:** Pappstücke, große Pappen, Tomatenmesser, Kastanienbohrer, Kabelbinder in verschiedenen Längen (gerne auch wiederverwendbare), Restmaterialien mit schöner Form

Die Idee

Pappkartons sind im Zeitalter des boomenden Versandhandels niemals Mangelware. Schnell kommt genug Material für großformatige Bauvorhaben wie Häuser zusammen. Statt die Kisten nur zu stapeln oder mit Klebeband zu verbinden, macht der Einsatz der „Kabelbinder-Technik" großen Spaß. Und die entstehenden Bauten werden unvergleichlich stabiler.

Vorher …

… bitten Sie die Eltern um Karton-Spenden in unterschiedlichen Größen. In Fahrradläden können Sie die riesigen Transportpappen für Zweiräder erbetteln, im Elektronik-Markt Waschmaschinen-Kartons, beim Umzugsunternehmen nicht mehr verwendungsfähige Umzugskartons.

So geht's

Vermitteln Sie den Kindern, wie man zwei aufeinander oder nebeneinander liegende Kartons mit Kabelbinder verbindet: Dazu bohrt man mit dem Kastanienbohrer zwei Löcher im Abstand von 2–3 Zentimeter, jeweils durch beide Kartonschichten. Nun führt man den Kabelbinder erst durchs erste Loch in das darunterliegende im zweiten Karton, dann durch die beiden anderen Löcher zurück, um ihn am Ende im Kreis zu verschließen. Der dicke „Buckel" des Verschließmechanismus muss dabei nach außen zeigen.

Schnell gelernt ist auch die Schneidetechnik, um Fenster, Türen und andere Löcher in den Karton zu sägen: Dafür bohrt man erst ein Loch mit dem Bohrer hinein, um dann das Tomatenmesser als Säge hineinzustechen und loszusägen.

Kistchenhäuser

✦ **Material:** mittelgroße Pappkartons, Tomatenmesser, Kastanienbohrer, Schaschlikstäbe, Streichhölzer, Zahnstocher, Montagekleber oder Niedrigtemperatur-Klebepistole, Wäscheklammer, Pappreste, Moosgummi, Schwammreste, Plastikreste von Verpackungen in verschiedenen Formen, Tapetenreste, Stoffreste, Plastikfolie, Pralinen-Innenverpackung, farbenfrohe Schälchen

Die Idee

Pappkisten aller Art laden Kinder ein, sie als Mini-Wohnhaus einzurichten. Um sich dabei im Detail verlieren zu können, brauchen Jungen wie Mädchen in der Pappkarton-Bauecke eine große Fülle an Materialien, aus denen man Möbel und Dekorationen herstellen kann.

Vorher …

… bitten Sie Eltern, der Kita stabile Versandkartons zu spenden, vielleicht am „Pappe-Abgabe-Platz“ im Kitafoyer? Beschaffen Sie sich beim Tapezierer alte Musterbücher sowie Stoffreste vom Polsterer, um die Kinder bei der Wand- und Bodenverkleidung auf Ideen zu bringen.

So geht's

Zeigen Sie den Kindern, wie man mit dem Tomatenmesser die Pappe „sägen“ kann, am besten mit vorher per Kastanienbohrer hineingepiektem Einstiegsloch.

Zeigen Sie, dass man beim Arbeiten mit Montagekleber die beiden zu verbindenden Werkstücke mit einer Wäscheklammer zusammendrücken sollte, damit der Kleber in Ruhe fest werden kann. Sollten Sie das Arbeiten mit (Niedrigtemperatur)-Heißkleber anbieten, vermitteln Sie sicheres Kleben: Werkstück zum Bekleben auf den Tisch legen, zu verbindendes Teil dranhalten, einen Punkt Kleber als Verbindung auftragen – und nicht in den heißen Klebstoff fassen!

Tonhaus-Bauplatz

✦ **Material:** Ton, Schneidedraht, Schneidebrett, stumpfes Küchenmesser, kleines Nudelholz, Löffelhölzer, Schaschlikstäbe, Drähte oder Pfeifenputzer, Tannenzapfen, kleine Zweige, Moos, verschiedene kleine Dinge mit besonderen Strukturen (z. B. Muscheln), kleine Schälchen, Wasser, Pappröhren und kleine Pappverpackungen

Die Idee

Ton war und ist eines der wichtigsten Häuserbaumaterialien der Menschheit. Bei dieser Ton-Baustelle wartet eine leere Tonlandschaft darauf, dass die Kinder Häuser aus Tonplatten, -steinen und Holzstäben errichten.

Vorher ...

... richten Sie zwei Plätze ein: Sie breiten Tonreste auf einer mit Tischdecke abgedeckten Platte wie eine Landschaft aus, die zum Verändern einlädt. Auf einer weiteren Fläche ist Platz, um Ton auszuwalzen und zu Platten oder Steinen zu schneiden.

So geht's

Vermitteln Sie den Kindern, wie man Ton mit dem Schneidedraht vom Block abschneidet und diese etwa 1,5 bis 2 cm dicken Scheiben zu etwa 1 cm dicken Platten walzen kann. Zeigen Sie, wie man solche Platten zu Eckverbindungen miteinander verbindet: Am Rand mit einem spitzen Schaschlikstab aufrauen, aneinanderdrücken, von außen etwas zusammenklopfen, bis keine Ritze mehr zu sehen ist.
Besonders einfach gelingt das Aufstellen größerer Platten, wenn man Dinge in der gewünschten Gebäudeform ummantelt. Gut geeignet für Türme sind feste Pappröhren: Tonplatte drumwickeln, verbinden, fast fertig ist der Rapunzelturm!

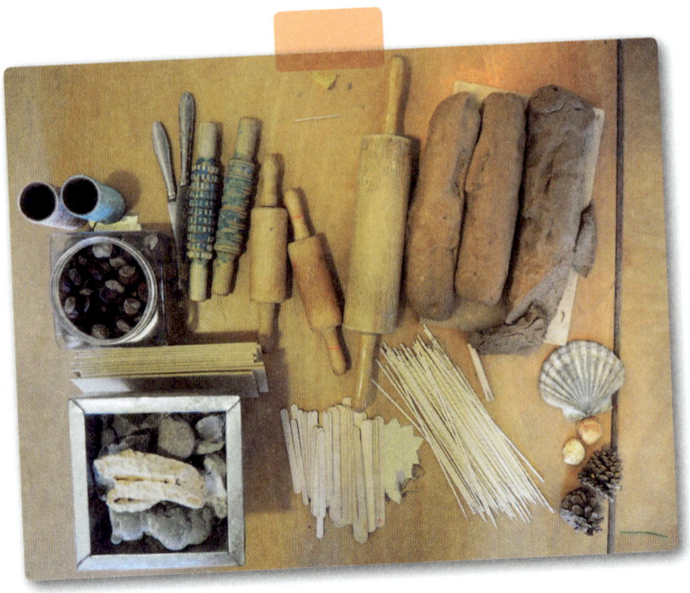

Abercrombie

Kistchen-Kleister-Kleberei

✦ **Material:** kleine Papp-Umverpackungen von Zahnpasta, Arznei etc., Pappröhren aller Art, Zeitungspapier oder anderes dünnes Restpapier, angerührter Tapetenkleister, flache Schälchen, evtl. Fön, evtl. Fingerfarbe, Pinsel

Die Idee

Kleine Pappschachteln und Pappröhren in unterschiedlichsten Größen sind ein inspirierendes Baumaterial für Schlösser, Schiffe, Figuren. Um sie miteinander zu verbinden, bietet sich die Technik des Kaschierens mit selbst gerissenen Papierfetzen und Kleister an.

Vorher …

… stellen Sie im Kita-Foyer eine Sammelbox für kleine Pappschachteln und Röhren auf. Rühren Sie pro Woche ein bis zwei Liter Tapetenkleister an, servieren Sie die glibberige Masse in kleinen flachen Schälchen, verschließen Sie den Rest zum Frischhalten in einem Eimer

So geht's

Wie man verschieden große Kistchen und Rohre zu Schiffen mit Schornstein oder Elefanten mit dicken Beinen stapelt, muss man den Kindern nicht erklären, auch nicht das Verkleiden mit zuvor lustvoll gerupften Papierfetzen. Zeigen sollten Sie aber, wie man zwei Pappteile aneinander befestigt, indem man einen kleinen Papierfetzen mit mäßig viel Kleister einschmiert und wie ein Stück Klebeband als Verbindung beider Teile aufklebt. Ermuntern Sie die Kinder auch zum regelmäßigen Glattstreichen der aufgeklebten Schichten, um dabei überschüssigen Kleister wieder herauszudrücken.
Um die anfangs sehr feuchten Objekte schneller zu trocknen, können Sie diese föhnen lassen. Nach dem Trocknen lassen sie sich hervorragend mit Fingerfarbe bemalen.

OFT LÄNGER

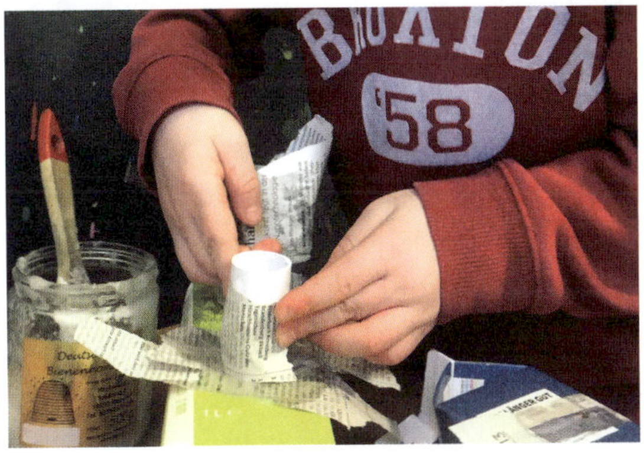
'58

'58

Plastik-Puppen-Theater

✦ **Material:** Plastikabfälle aller Art, doppelseitige Klebepunkte, Bohrer, Kabelbinder, evtl. Drähte, Kleiderbügel

Die Idee

Plastikverpackungen von Kosmetikprodukten und Reinigungsmitteln haben oft wunderschöne Farben und anregende Formen. Wenn Shampoo- und Waschmittelflasche zusammentreffen, entstehen schnell verrückte Figuren – gerade wenn man simple Verbindungstechniken kennt.

Vorher ...

... sammeln Sie bunte Plastikflaschen von Waschmittel, Fensterreiniger und Co. Spülen Sie die Behälter gründlich durch, um Reinigungsmittelreste zu entfernen. Die Formenvielfalt erhöht es, wenn Sie einige Flaschen schon vorab in interessant geformte Teile zerlegen.

So geht's

Lassen Sie die Kinder Teile zuerst ohne Befestigung zusammenpuzzeln, um auf Ideen zu kommen: Wenn die Weichspüler-Flasche diesen roten Sprüh-Aufsatz bekommt, ist das dann eine Feen-Figur? Um die Teile aneinander zu befestigen, bieten sich zwei Techniken an: Doppelseitige Klebepunkte sind für Werkstatt-Einsteiger geeignet – schnell aufgeklebt, halten sie einigermaßen zuverlässig. Wer die Teile deutlich besser aneinander befestigen will, nutzt die Kabelbinder-Technik: mit dem Akkubohrer zwei Löcher in zwei zu verbindende Teile bohren, Kabelbinder im Kreis durchziehen und verschließen.

Sollen die Figuren Arme, Kopf, Beine bewegen? Wer Stabfiguren oder Marionetten aus den lustigen Plastikteilen herstellen möchte, setzt zum Beispiel einen zurechtgebogenen Draht-Kleiderbügel als Gerüst für den Körper ein und befestigt Bauch, Hüfte, Hals mit Kabelbinder oder Klebeband daran.

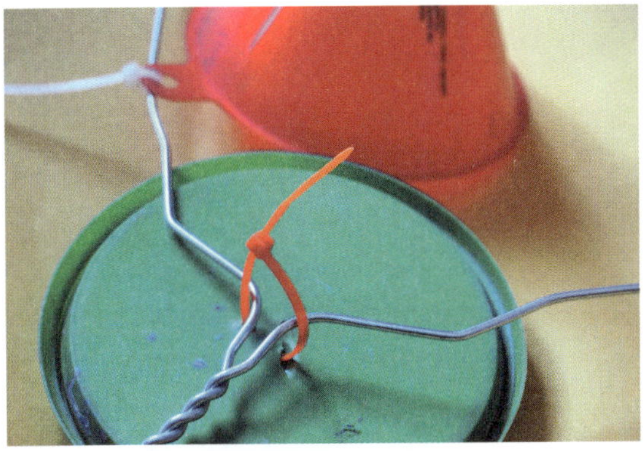

Bautzner
Senf

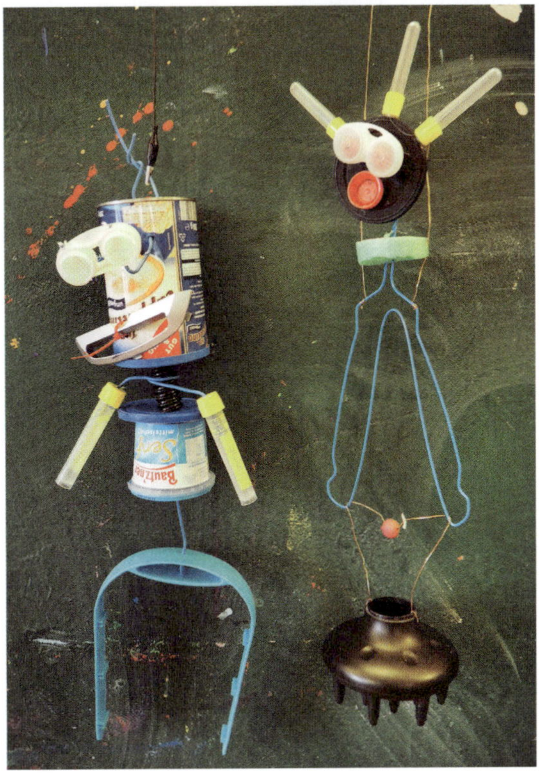
Senf
Bautzner

Vertieft tüfteln

Viele Kinder suchen Werkstätten auf, um dort zu *tüfteln*. Laut alten Wörterbüchern bedeutet dieses geheimnisvolle Wort: „Mit geschickten Händen eine feine, knifflige Arbeit verrichten“ oder „bis ins Kleinste über etw. grübeln, etw. ausklügeln“.

Beide Definitionen beschreiben gut, warum eine Werkstatt oder Werk-Ecke Stationen zum Tüfteln braucht: Die Kinder werden herausgefordert, Dingen auf den Grund zu gehen, denken quasi mit Finger und Gehirn gemeinsam und „klügeln“ nicht nur etwas aus, sondern werden selbst klug durch Versuch, Irrtum, Weitermachen.

Viele der im Buch vorgestellten Stationen bieten Raum zum Tüfteln: Oft ist es die Fragestellung, wie man Dinge aneinander befestigt oder wie man sie geschickt bearbeitet. Wie bei fast allem, was kleine Kinder tun, ist die wichtigste Frage die nach Ursache und Wirkung: „Was passiert, wenn ich ...?“

Aufschrauberei

✦ **Material:** Kreuzschraubenzieher in verschiedene Größen, Mini-Schraubenzieher-Set, Magnet zum Schrauben-Sammeln, Puk-Säge; ausrangierte Elektro-Kleingeräte wie Föhn, CD-Player, Handys, Laptop, evtl. Akkubohrer mit Metallbohrspitze

Die Idee

Wie sieht es wohl unter dem Gehäusedeckel des Laptops aus? In einer Auseinanderschraub-Ecke begeistert die Kinder dreierlei: Sie können ihre Kräfte beim Aufschrauben testen. Sie bekommen ersten Einblick in den Aufbau technischer Geräte. Und sie gewinnen glitzernde, merkwürdig geformte Kleinteile.

Vorher ...

... laden Sie Eltern ein, ausrangierte Geräte in der Werkstatt abzugeben.
... stellen Sie Behälter bereit, um ausgebaute Teile klar sortieren zu können: Hier Gehäuseteile, dort Metall-Kleinkram, hier Schrauben, dort die bunten Platinen.
Wichtig: Entfernen Sie bei jedem Gerät vorhandene Netzstecker, damit kein Kind in Versuchung gerät, diesen in eine Steckdose zu stecken!

So geht's

Vermitteln Sie den Kindern klare Grundregeln beim Auseinanderbauen: Aufschrauben mit passendem Schraubenzieher oder „Hinterhaken" mit dem Schraubenzieher ist erlaubt, genauso wie Sägen mit der Puk-Säge. Wohingegen das Schlagen mit Hämmern auf das Gehäuse verboten ist. Untersagt ist auch, kleine batterieähnliche Widerstände und Transistoren mit Zangen aufzuzwicken oder aufzubohren, denn wie in jeder Batterie sind dort ätzende Substanzen zu erwarten.
Helfen Sie den Kindern bei nicht aufzukriegenden Schrauben, indem Sie mit dem Akkubohrer und einer Metallbohrspitze den betreffenden Schraubenkopf lösen.

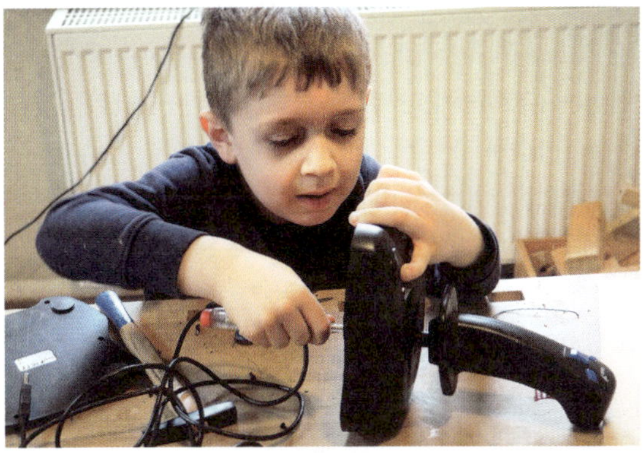

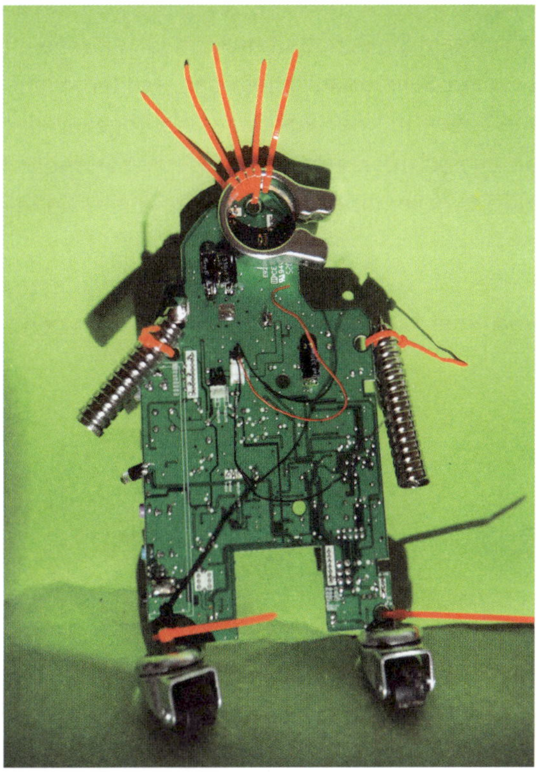

Immer unter Strom

✦ **Material:** 4,5-Volt-Flachbatterien, „Messstrippen“ oder „Krokoklemmen“ (Elektrodraht mit Klemmen zum Anschließen an die Batterie), Glühbirnchen mit Schraubsockel, evtl. Motoren

Die Idee

Strom ist ein faszinierendes Experimentierfeld für Kinder, und mit den 4,5-Volt einer Flachbatterie kann man auf völlig ungefährliche Weise experimentieren. Als Versuchsmaterial bieten sich neben gekauften Birnchen auch die in einer Auseinanderbauwerkstatt gewonnenen Teile wie Lautsprecher, Motoren und LEDs an.

Vorher …

… beschaffen Sie preisgünstige Batterien, Messstrippen und Lämpchen samt Sockel im Versandhandel (Suchwörter „Bastelbedarf“ + „Elektronik“).

Befestigen Sie an den zwei Kontakten der Flachbatterie je eine Messstrippe, am besten in verschiedenen Farben.

So geht's

Besprechen Sie mit den Kindern die simplen Strom-Regeln: Strom aus 4,5-Volt-Batterien ist ungefährlich – während der Strom aus der Steckdose weiterhin tabu ist! Beim Ausprobieren mit den Messstrippen (oder besser „Krokoklemmen“) an der Batterie muss man darauf achten, dass die beiden Enden der zwei Strippen nicht längere Zeit miteinander in Berührung kommen, denn sonst entlädt sich die Batterie in Form von Wärme nach kurzer Zeit.

Zeigen Sie, wo man die Strippen ansetzt, um Licht oder Bewegung zu erzeugen: Beim Lämpchen sind es je nach Fassung meist zwei silberne Schrauben. Bei Motoren gibt es zwei kleine Nippel an der Unterseite, bei Lautsprechern sucht man auf der Rückseite nach einem Paar Lötstellen.

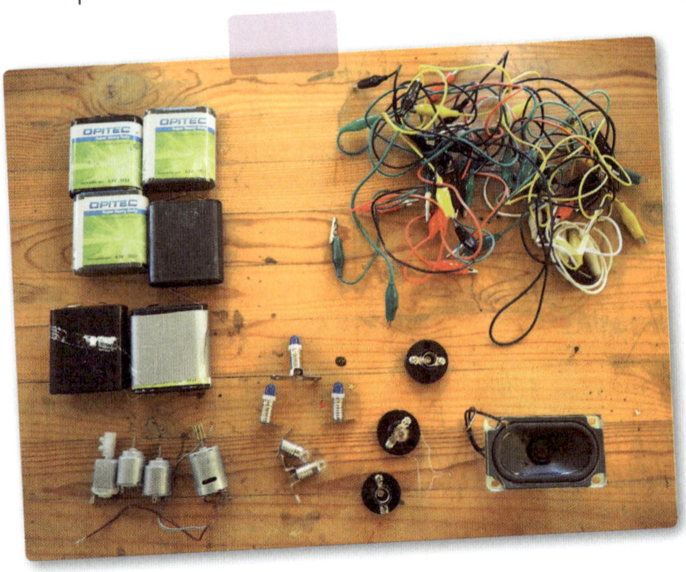

OPITEC

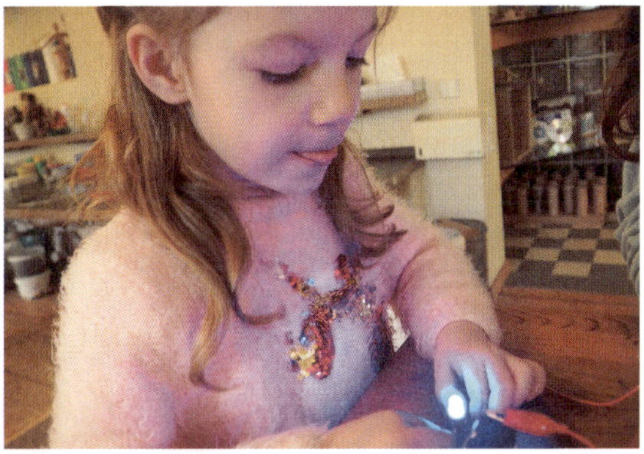

Tüten-Bügeltisch

✦ **Material:** Bügeleisen, Schere, Bohrer, Backpapier, Plastikfolien aller Art und Farbe, Rettungsfolie, evtl. Holzunterlage

Die Idee

Bügelt man Fetzen von Plastiktüten und anderen Folien übereinander, verschmelzen diese miteinander zu irrwitzigen Formen. Manchmal entstehen in diesem spannenden Verwandlungsprozess Bilder – ein großer Spaß für Kinder.

Vorher ...

.... sammeln Sie fleißig Plastiktüten, auch Tiefkühl-Verpackungen, Luftpolsterfolien, Müllbeutel, Schuhüberzieher und Versandbeutel.

Richten Sie einen Arbeitsplatz mit gutem Standplatz für das Bügeleisen ein. Um sensible Tische zu schützen, legen Sie ein Holzbrett unter.

So geht's

Unterweisen Sie zunächst die Kinder, wie man mit dem Bügeleisen umgeht: Nicht zu nah an die zweite Hand kommen! Zum „Parken" immer aufstellen! Bescheid sagen, wenn man fertig ist, um den Stecker ziehen zu lassen!

Dann führen Sie die Technik des Tütenbügels vor: Auf den Tisch kommt ein großer Bogen Backpapier – damit die heißen Tüten nicht am Tisch kleben! Darauf können die Kinder geschnibbelte oder gerupfte Fetzen der Plastikfolien legen, in mehreren übereinander liegenden oder überlappenden Schichten. Dann – ganz wichtig! – legt man ein weiteres Stück Backpapier darüber. Den kompletten Stapel kann man jetzt bügeln. Dabei sollte das Bügeleisen auf mittlere Hitze stehen, und man fährt so lange darüber, bis die Tüten durch die Folie etwas „feucht" und sehr flach aussehen. Bügeleisen absetzen, kurz warten, vorsichtig öffnen und sich über das entstandene Bild freuen!

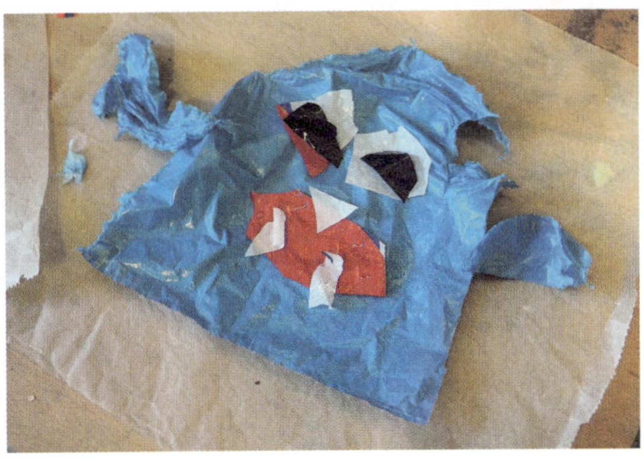

Steckerei mit Hohlkammer-Plakaten

✦ **Material:** Hohlkammer-Plakate (alternativ feine Wellpappe-Stücke), Schere, Cutter (VB), Bürolocher, Pfeifenputzer, Schaschlikstäbe, wasserfester Filzstift, Holzbrettchen

Die Idee

Ein spannender Baustoff sind Hohlkammer-Plakate aus Kunststoff, wie sie in der Außenwerbung verwendet werden. Das Material lässt sich schneiden, biegen und lochen. Vor allem laden die langen „Röhren" dazu ein, Schaschlikstäbe oder Pfeifenputzer durchzustecken, um überraschende Kunstwerke entstehen zu lassen.

Vorher ...

... beschaffen Sie sich das meist gratis zu erhaltende Material in Druckereien, wo Schnitt-Reste anfallen, oder auch bei werbenden Firmen und Parteien.
Schneiden Sie größere Plakate mit Cutter oder Schere vorab in viele unterschiedlich große Teile, die schon aufgrund der bunten Bedruckung Kinder auf kreative Ideen bringen.

So geht's

Führen Sie vor, wie sich die Hohlkammer-Stücke mit kräftigem Scherenschnitt schneiden lassen. Zeigen Sie, dass man sie im Bürolocher lochen kann.
Führen Sie vor, dass sich die Stücke entlang der Rillen super knicken lassen. Schwerer ist es, sie quer dazu zu falten. Da hilft es, ein Holzbrettchen draufzulegen und das Plakat-Stück an dessen Kante umzuklappen.
Führen Sie vor, wie einfach man Schaschlikstäbe und Pfeifenputzer durch die Röhren stecken kann, um Stücke miteinander zu verbinden.
Um aus kleinen Hohlkammer-Schnipseln und Pfeifenputzern Figuren mit Gesichtern entstehen zu lassen, bietet sich die Verwendung wasserfester Filzstifte an.

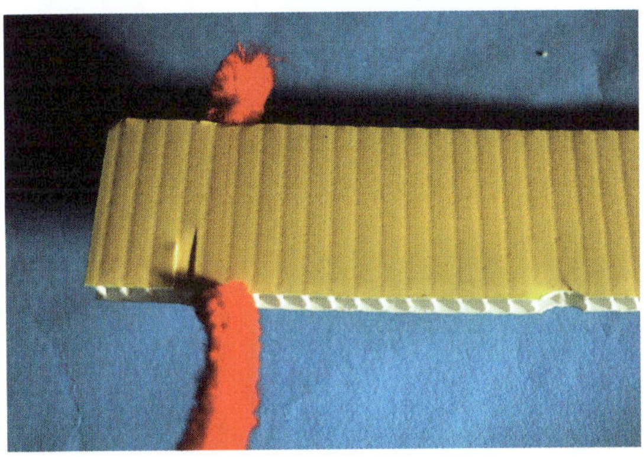

Grillzangen-Mechanik

✦ **Material:** Grillzange aus Holz, Korken, Schaschlikstab, Akkubohrer oder Hand-Bohrer, Milchkartondeckel, Einmachglas-Deckel oder CD, längliche Holzstücke, Holzplatten, Holzdübel, Holzkleber, weiteres Material nach Bedarf

Die Idee

Grillzangen aus Holz sehen schon aus wie ein Stück Mechanik. An einer Holz-Werkstation eignen sie sich hervorragend, um als Kranarm, Radhalterung oder hölzernes Armgelenk eingesetzt zu werden. Das kann Ausgangspunkt sein, um sich stundenlang Fragen der Mechanik zu widmen.

Vorher …

… beschaffen Sie sich im Billig-Haushaltswarenladen oder im Netz eine Handvoll Grillzangen.

So geht's

Stellen Sie ein Musterstück her, um Kinder vom Einsatz der Grillzange als Mechanik-Bauteil zu überzeugen: Dazu bohren Sie am oberen Ende der Grillzange ein Loch durch beide Schenkel, stecken einen Schaschlikstab hindurch, um auf diesen einen Korken oder Deckel oder eine CD aufzustecken. Bei runden Scheiben hält man nun eine Art Einrad in den Händen. Bei einem drehbaren Korken liegt es nahe, daran weitere Holzstücke zu befestigen, um etwa einen Kran- oder Bagger-Arm daraus zu bauen.

Damit die Kinder drehbare Konstruktionen errichten können, bietet sich die Verwendung einer Grundplatte aus Holz an, vielleicht ein 1,5 cm dickes Bett in A5-Größe. Um die Holzzangen-Konstruktionen daran zu befestigen, kann am besten die Holzdübel-Technik (siehe Seite 8) genutzt werden.

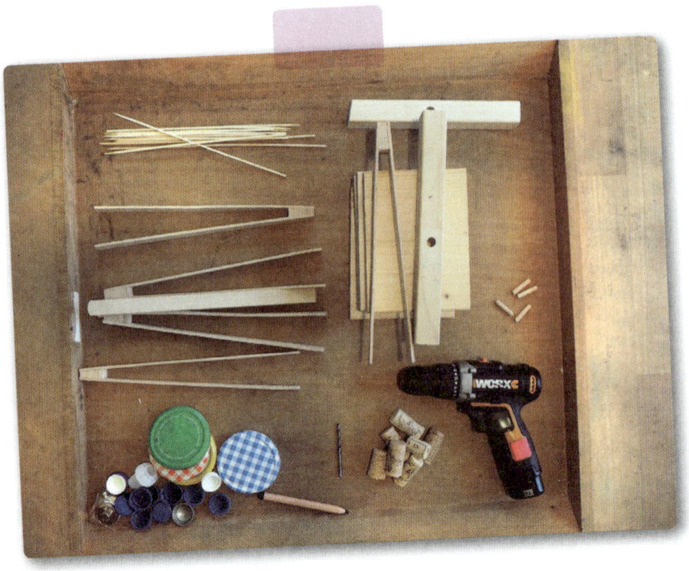

Pulvermühle

✦ **Material:** weiches Holz, trockener Ton, Kreide, weiche Steine wie Ziegelstein, Speckstein, Holzkohle Raspel, Feile, Mörser, flache Becher, Siebe in verschiedenen Gittergrößen, evtl. Wasser, Öl, Vaseline, Kleister, Handfeger und Schippe

Die Idee

Viele Kinder begeistert es, Material zu Pulver zu verarbeiten. Jeder Werkstatt tut also eine Ecke gut, in der man aus Material Pulver herstellen kann, es sieben und zu Cremes oder DIY-Farben anrühren kann.

Vorher ...

... wählen Sie eine Ecke aus, in der entstehender Staub kein Problem ist. Sammeln Sie leicht zerreibbare Materialien wie Grillkohle, brüchige Steine, weiches Holz, harten Ton.

So geht's

Viel müssen Sie an dieser Station nicht erklären: Das Zerreiben von allerlei festen Stoffen scheint manche Kinder magisch anzuziehen, und dass man unterschiedlich dichte Materialien mit unterschiedlichen Werkzeugen bearbeiten muss, merkt man am besten selbst beim Tun. Weil das Produzieren von feinem Pulver natürlich einigen Dreck verursacht, sollten Sie Aufräum-Regeln vereinbaren.

Gut kommt es an, ein paar Verwendungsmöglichkeiten der entstandenen Pulver zu vermitteln: Aus farbigem, feinem Pulver lassen sich verwendbare Malfarben herstellen, wenn man dick angerührten Kleister dazugibt. Rührt man Holzstaub mit Holzkleber zusammen, entsteht eine Holzpaste, die man sogar zum Kitten von Ritzen in Holz-Bauwerken verwenden kann.

Das Zerreiben von getrocknetem Ton ist besonders sinnvoll, denn das Ton-Mehl lässt sich mit Wasser vermischen, um neuen, hochwertigen Ton zu erzeugen.

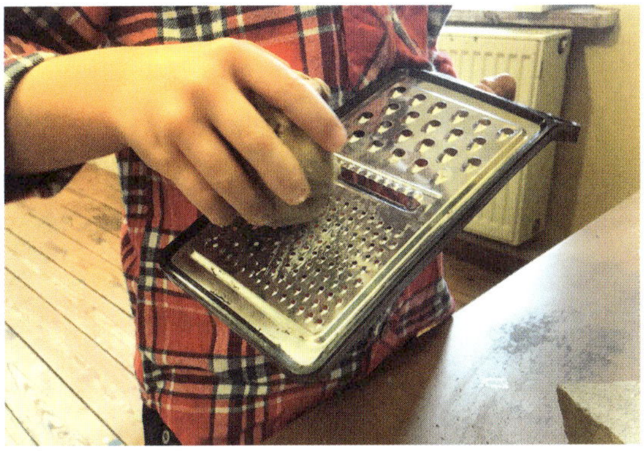

Rohrisolierungs-Bauwerke

✦ **Material:** Rohrisolierungsrohre, Schaschlikstäbe, Zahnstocher, Tomatenmesser, Kastanienbohrer, Seidentuch

Die Idee

Wer ein großes, noch dazu schnell gebautes und jederzeit umbaubares Haus errichten will, liegt bei der Rohrisolierung richtig. Das flexible Material feuert die Konstruktionslust der Kinder an.

Vorher ...

... erwerben Sie im Baumarkt die preiswerteste Form der grauen Rohrisolierungen für etwas mehr als einen Euro pro Stück. Oft gibt es bei größeren Mengen hohe Rabatte.
Eventuell halbieren Sie einige der gleichlangen Stangen mit dem Tomatenmesser.

So geht's

Eine kurze Vorführung reicht, um das Bauen mit der Rohrisolierung vorzuführen: Um zwei Rohrisolierungen im rechten Winkel zu verbinden, reicht es aus, beide aneinander zu halten und einen Schaschlikstab diagonal durchzustechen. Wackelt die Verbindung, kommt einfach ein zweiter Stab dazu. Um Rohre zu verlängern, piekt man besser drei Zahnstocher in das Ende eines Rohres und steckt das zweite bündig auf. Zum „Sägen" der Rohre bietet sich ein Tomatenmesser mit Wellenschliff an.
Ermuntern Sie die Kinder, erst große Quadrate aus den Rohren zu errichten, die dann zeltartig miteinander verbunden werden. Steht das Gerüst, bieten sich leichte Tücher aus Ballonseide, Fahnenstoff oder Pongé-Seide (die zum Seidenmalen) als Plane an.
Genauso einfach wie die Bauten entstanden sind, lassen sie sich auch wieder zurückbauen – durch Herausziehen und Einsammeln der Verbindungsstäbe.

Frei basteln

Basteln sagt man nicht mehr, sagen viele Pädagog*innen streng. Kinder haben oft weniger Probleme mit dem Wort, das eigentlich bedeutet, als Laie voller Freude an einer kleinen Handwerksarbeit „herumzubasteln" – ohne echtes Ziel, aber ziemlich vertieft. Das passt, wenn man die Geringschätzung für Nicht-Profis einmal abzieht, sehr gut zu einem der wichtigsten Gründe für Kinder, die in die Werkstatt kommen: Sie wollen dasitzen, für sich sein und sich auf eine handwerkliche Tätigkeit konzentrieren. Erwachsene würden vielleicht von Achtsamkeitsübung sprechen, was Kinder aus ähnlichen Gründen machen: abschalten von der Gruppe, die eigenen Hände spüren, Selbstwirksamkeit erfahren.

Bei vielen Werk-Stationen ist diese Hinwendung auf ein einfach zu bearbeitendes Material gut spürbar. Es geht nie um große Werke, selten um lautes, gemeinsames Erfinden und Hantieren. Eher geht es darum, sich in eine oft sinnlich anregende Tätigkeit zu vertiefen.

Schaumstoff zu Baustoff

✦ **Material:** Schwimmnudel, Schwammstücke, Kantenschutz aus (meist blauen) Schaumstoff, Fugenfüllprofil, Zahnstocher, Schaschlikstab, Pfeifenputzer, Tomatenmesser, Montagekleber

Die Idee

Wohl kaum ein Material lässt sich so simpel verbinden und schneiden wie das geschäumte Plastik von Schwimmnudel und Co. Schnell gelingt damit auch Werkstatt-Neulingen das Montieren mit Zahnstochern und Schaschlikstab, um fantasievolle Tiere, Menschenfiguren, Alltagsgeräte oder Fahrzeuge herzustellen.

Vorher …

… schneiden Sie eine Schwimmnudel in ein paar interessant geformte, vielleicht 10–20 cm lange Stücke, um die Kinder zum Bauen zu animieren. Teilen Sie auch einige Schwimmnudelstücke quer durch.

So geht's

Zeigen Sie den Kindern, wie man den Schaumstoff der Schwimmnudel durch Sägen mit dem Tomatenmesser in Scheiben oder Stücke zerlegen – oder auch bildhauerisch bearbeiten kann. Wie leicht sich das Material verbinden lässt, entdecken die Kinder bestimmt von selbst: Um Schaumstoffstück an Schaumstoffstück zu befestigen, muss man einfach einen Zahnstocher oder einen Schaschlikstab in eines der beiden Stücke pieken und in das zweite Teil stecken. Soll die Verbindung dauerhaft sein, trägt man vor dem Pieken wasserlöslichen Montagekleber auf. Verzichtet man auf den Kleber, hat das den Vorteil, dass sich nicht weiterverwendete Bauwerke schnell wieder demontieren lassen, um aus den Einzelteilen neue Kunstwerke zu bauen.

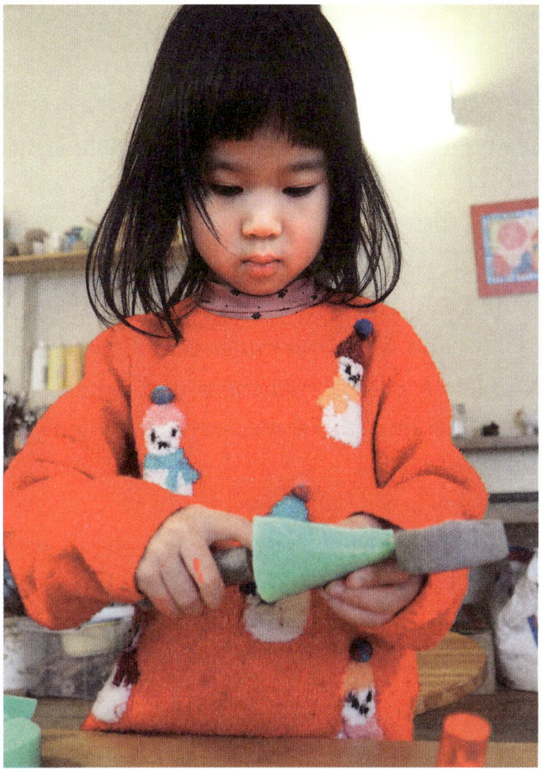

Silberschmiede

✦ **Material:** Schraubdeckel aus Metall, Teelichter, Alu-Tortenschalen, Kleinmetall, Schraubenreste, Montagekleber auf Acrylbasis oder Niedrigtemperatur-Klebepistole, Glitzersteine, Plastikreste bunt, Zickzackschere, Feinblechschere, Hammer, Prickelnadel oder Schlageisen, Knipszange, festes Holz als Unterlage

Die Idee

Glitzerndes Metall übt auf viele Kinder eine magische Anziehung aus. An diesem Tisch kann leicht zu bearbeitendes Alu oder Weißblech zu allerlei Schmuckstücken verarbeitet werden.

Vorher ...

... sammeln Sie Schraubverschlüsse, Teelicht-Umhüllungen und Getränkedosen.

So geht's

Lassen Sie die Kinder probieren, wie man die Feinblechschere hält, um Metall-Schraubdeckel und ähnliche Dinge durchzuschneiden – das braucht erst Übung und Kraft, gelingt dann aber oft erstaunlich gut. Zeigen Sie, wie man aus zylindrischen Formen wie Büchse und Teelicht-Umhüllung eine Fläche erzeugt, indem man die Seitenwand bis zum Boden einschneidet und die daraus entstehenden Flächen zu „Sonnenstrahlen" umbiegt.

Animieren Sie die Kinder, ihre Blech-Stücke erst einmal mit dem Hammer flachzuklopfen, denn das entfernt scharfe Kanten, vereinfacht die Bearbeitung und macht richtig Spaß. Dann zeigen Sie, wie man mit dem Schlageisen Muster erzeugen kann – etwa eine gepunktete Linie in Form eines lachenden Gesichtes. Führen Sie vor, wie leicht man mit einer Knipszange Löcher in dünnes Alu stanzen kann. Machen Sie vor, wie die Kinder flache Glitzersteine mit Montagekleber auf das glänzende Metall ankleben können, um funkelnde Schmuckstücke zu erzeugen.

Zellmakulatur zum Kneten

✦ **Material:** Zell-Makulatur (Baumarkt), feste Plastikgefäße, Holzstücke, Löffel, Schälchen, Schmirgelpapier oder Feile, Tonwerkzeuge oder Stäbchen, Messer, Löffelchen, Zeitungspapier

Die Idee

Ein merkwürdiges Mix-Material ist Zell-Makulatur, eigentlich zum Glätten von Wänden erfunden: Die mit Wasser anrührbare Knetmasse fühlt sich ähnlich an wie Pappmaché, riecht aber intensiv nach Holz. Nach dem Trocknen lässt sie sich wie Holz bearbeiten, also glattschmirgeln und bemalen.

Vorher …

… rühren Sie die Masse nach Verpackungsaufschrift schön fest an. Es handelt sich um Holzmehl mit etwas Kreide und einem Binder, daher gibt es keinerlei Sicherheitsbedenken.

So geht's

Lassen Sie die Kinder ausprobieren, wie man mit der Masse kneten kann. Erklären Sie, dass es ziemlich lange dauert, bis daraus geformte vollplastische Objekte durchgetrocknet sind. Schneller geht es, wenn man Formen damit ummantelt, also beispielsweise zum Formen von Köpfen harte Bälle verwendet – und Holzstücke für eckige Objekte mit der Paste ummantelt.
Lassen Sie die Kinder Dinge formen, zuerst wie bei Ton die Grobform, um dann mit Ritzwerkzeugen feine Linien und Strukturen einzuzeichnen.
Zum Trocknen bietet sich ein Platz auf der Heizung oder in der Sonne an – nur ein, zwei Stunden dauert es im Backofen bei 120 Grad. Wenn sich die gekneteten Figuren sehr fest und wie leichtes Holz anfühlen, können sie geschliffen werden: Erst mit grober Feile und / oder Schmirgelpapier, dann immer feiner werdend. Wer mag, kann die Figur am Ende bemalen.

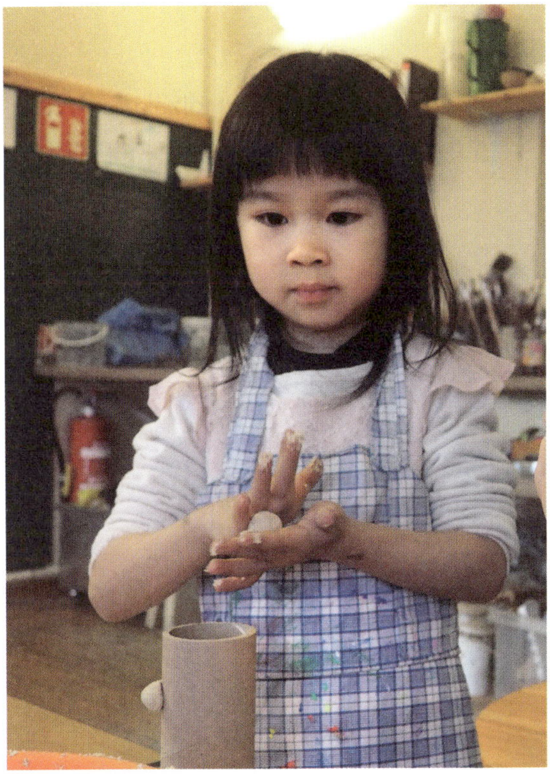

Filigrane Papierdraht-Kunst

✦ **Material:** Papierdraht in verschiedenen Farbtönen, Verpackungs-Füllstoff aus Styropor oder Mais, leichte Perlen, leichte Schaumstoffreste, Platte aus Holz oder Styropor, Drahtschere oder Zange zum Schneiden

Die Idee

Ganz besonders leicht biegen lässt sich Papierdraht, eigentlich ein feiner, mit Papier umwickelter Draht. Es macht Spaß, mit dem Draht wie mit einem Bleistiftstrich Linien zu formen. Dazu passen gut: leichte Steckmaterialien mit und ohne Glitzer-Effekt.

Vorher ...

... können Sie eine Art Bodenplatte für das Draht-Biegen herstellen, denn viele Kinder brauchen für ihre Drahtkunstwerke eine Basis. Dafür reicht eine Holzplatte mit feinen Löchern zum Einstecken des Draht-Endes – oder auch eine Styropor-Platte, ein stabiles Stück Pappkarton.

So geht's

Schnell verstehen interessierte Kinder, wie leicht man den Papierdraht ohne Werkzeug biegen kann, und das Schneiden ist auch kein Problem. Animieren Sie Kinder durch in die Bodenplatte gesteckte Drähte in irgendwelchen interessanten Formen dazu, schöne Blumen zu biegen und mit leichten Materialien zu verzieren – oder Figuren wie Strichzeichnungen zu biegen. Letztere kann man schön in Szene setzen, indem man ein Licht davorstellt und ihren feinen Schatten an die Wand wirft.

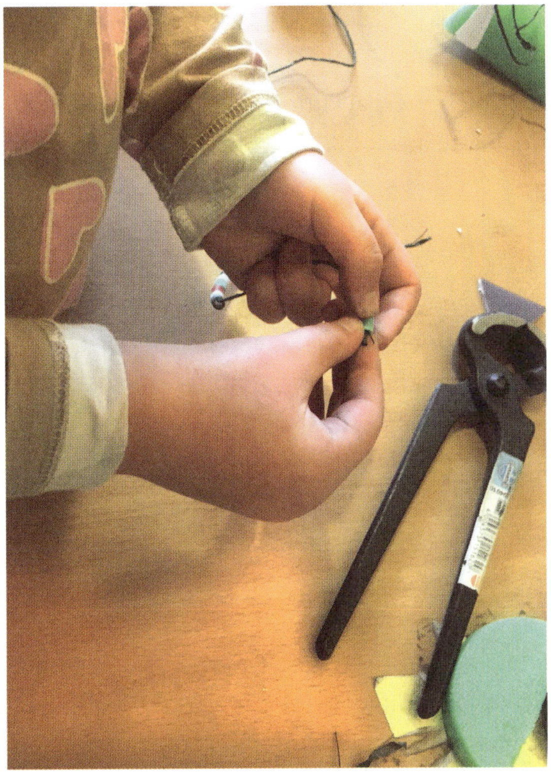

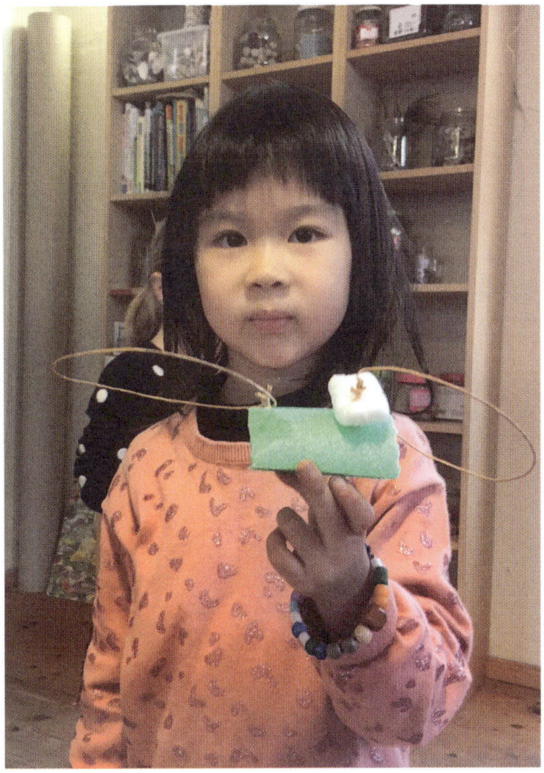

Drahtmännchen-Manufaktur

✦ **Material:** Elektrodraht, einadrig („Aderleitung 1,5 mm“), weicher Blumen- oder Silberdraht, Plastikschraubverschlüsse, Ü-Eier, Knöpfe und anderes „Fädelbares“, Pralinen-Innenschachteln, Schwammreste, Brettchen, Rundzange, Kastanienbohrer, Schere, Seitenschneider, Edding

Die Idee

Trifft fester Draht auf kleine Plastikteile, entstehen schnell tolle bewegliche Figuren – mit Beinen, Armen und Hals aus Draht, der Körper aus Ü-Ei, der Kopf aus Sektkorken ... Technisch müssen die Kinder vor allem Draht abzwicken und Löcher durch das Plastik bohren. Mit bunten Filzstiften lassen sich Gesichter oder Deko-Elemente aufmalen.

Vorher ...

... sammeln Sie Plastikverschlüsse, Ü-Eier-Innenformen und Schwammreste. Testen Sie, wie groß der Kastanienbohrer sein muss, damit man durch die gebohrten Löcher Draht stecken kann.

Legen Sie als Bohrplatz ein Brettchen bereit. Eventuell schneiden Sie für kleinere Kinder Drahtstücke zurecht.

So geht's

Zeigen Sie den Kindern, wie man mithilfe eines Kastanienbohrers Löcher in die bunten Deckel oder Überraschungseier bohrt: Dafür legt man das betreffende Plastikteil auf das Brettchen und stößt von oben mit dem Kastanienbohrer ein Loch hinein. Etwas Nachbohren ist gut, um ein ausreichend großes Loch für den dicken Draht zu erhalten.

Überlegen Sie mit den Kindern, welche unterschiedlichen Figuren man bauen kann: Ein Männchen – und wie soll es heißen? Braucht es Freunde, Familienmitglieder? Oder bauen wir passend zum dünnen Draht lieber wunderliche Spinnentiere wie die „Familie Langbein“?

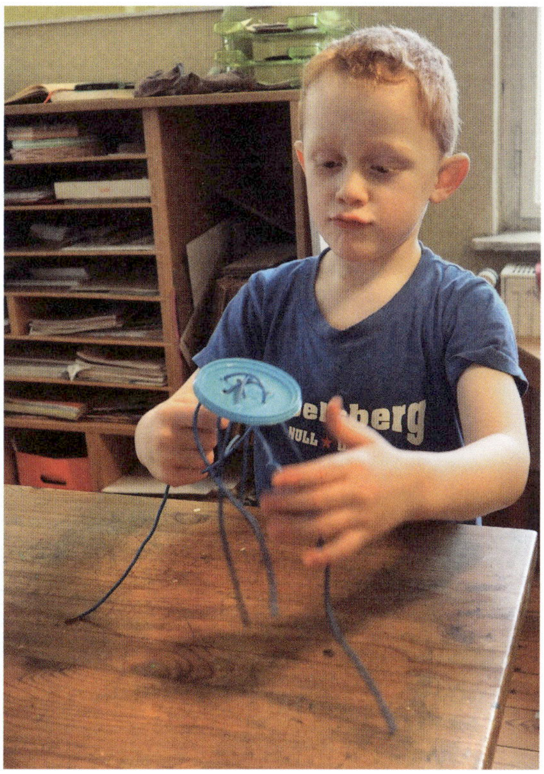

Das Recyclingcenter

✦ **Material:** Kombizange, starke Scheren, Sägen für Holz, Kisten, Schraubenzieher

Die Idee

„Braucht das noch jemand?" In jeder Kinderwerkstatt sammeln sich schnell unvollendete oder nicht mit nach Hause mitgenommene Werke der Kinder. In der „Recycling-Ecke" können solche Dinge lustvoll dekonstruiert werden, um damit Material für neue Vorhaben zu recyceln.

Vorher ...

... entscheiden Sie: Ist es die Regel, dass gebaute Objekte irgendwann wieder demontiert werden? Wenn Sie sich für „mal mitgeben, mal recyceln" entscheiden, lohnt sich ein klares Markierungssystem im Regal für Gebautes: Klebt an Objekten die Rote Karte, heißt das: Entweder jetzt weiterbauen beziehungsweise mitnehmen – oder das Ding wird nächste Woche recycelt. Es lohnt sich, Eimer oder Wannen zum Sortieren aufzustellen, in die Kinder zertrennte Wertstoffe schwungvoll einwerfen können: So, fertig zum erneuten Verbauen!

So geht's

Vermitteln Sie den Kindern technische Fähigkeiten für unterschiedliche Aufgaben im Recycling-Center: Bei reinen Holzbauwerken ist es sinnvoll, einfach die verbindenden Steckdübel durchzusägen. Kabelbinder können am besten mit der Spitze des Seitenschneiders geöffnet werden. Eingeschlagene Nägel „kriechen" heraus, wenn man die Kneifzange kurz unter dem Nagelkopf ansetzt und dann den Zangenkopf entlang seiner Rundung hin- und herbewegt. Um viel Heißkleber zu entfernen, sollte das Werkstück eingespannt werden, um dann mit einem breiten Schlitzschraubenzieher oder Beitel den Klebstoff abzuspalten.

Wichtige Werkzeuge/Dank

✦ **Akkubohrer:** Damit lässt es sich leichter in Holz, Blech oder Plastik bohren als mit den häufig in Kitas anzutreffenden Handbohrern mit Kurbelrad, bei denen man sich schnell die Finger klemmt.

✦ **Bohrspitzen:** Es gibt sie in unterschiedlichen Größen und für unterschiedliche Materialien. Die für viele Werk-Aktionen unverzichtbare Holzbohrspitze endet in einer Art spitzem „Dorn“, Bohrspitzen für Metall eher stumpf. Für das Bohren von Plastik eignen sich beide Arten Bohrspitzen.

✦ **Drillbohrer und Vorbohrer:** Dieser uralte Handbohrer bohrt zuverlässig Löcher in Sperrholzplatten, weiches Holz oder durch Plastik. Für einfache Bohrungen eignet sich der Vorbohrer, im Kitabereich auch als „Kastanienbohrer“ bekannt.

✦ **Feinblechschere und Trimmerschere:** Um dünne Metalle oder Plastik zu schneiden, ist die Feinblechschere ein perfekter Helfer. Ähnlich gut in der Hand liegt die Trimmerschere, eine eigentlich zum Rosenschneiden gedachte Gartenschere mit gerader Schneide.

✦ **Lochknipszange und Bürolocher:** Mit einem Bürolocher kann jedes Kind kreisrunde Löcher in Leder, Pappe, dünnes Metall stanzen. Mit einer Lochknipszange zum Entwerten von Eintrittskarten, die es im Netz zu bestellen gibt, ist das Lochen ein Kinderspiel.

✦ **Japansäge und Puk-Säge:** Während der klassische Fuchsschwanz Holz sägende Kinder oft verzweifeln lässt, begeistert sie die Japansäge. Achtung: Japansägen sägen nicht beim Stoßen, nur beim Ziehen. Klein und handlich, auch für Plastik und manche Metalle geeignet, sind Puk-Sägen mit Bügel und auswechselbarem Sägeblatt.

✦ **Stanzeisen:** Das sind Metallstifte, deren Spitze so geformt oder geschliffen ist, dass man damit Kreise und andere Formen durch dünne Materialien stanzen – oder Muster und Formen einprägen kann.

✦ **Tomatenmesser:** Eine super Alternative für einen Cutter, der für frei werkelnde Kinder ungeeignet ist: ein vorne abgerundetes Tomatenmesser mit Wellenschliff zum Schneiden von Schaumstoff und Karton.

✦ **Schraubendreher:** Für Auseinanderbauwerkstätten und das Verschrauben moderner Holzschrauben unentbehrlich sind vor allem Kreuzschraubenzieher in verschiedenen Größen.

✦ **Schraubstock und Federklemmen:** Um Materialien sicher bearbeiten zu können, muss man sie befestigen. Optimal sind preiswerte Schraubstöcke, direkt auf der Tischplatte festgeschraubt.
Mit Federklemmen kann man nicht nur Werkstücke am Tisch befestigen, sondern auch Klebestellen bis zum Erstarren des Klebers zusammendrücken.

✦ **Heißklebepistole und Montagekleber:** Kleine Kinder haben es beim Kleben oft eilig. Heißkleber ist eine gute Ergänzung zu Express-Holzkleber, wenn es bei Holz schnell gehen soll. Für Metall und Plastik eignet sich eher Montagekleber auf Acrylbasis, der länger zum Trocknen braucht, aber nach einigen Stunden auch sehr glatte Materialien perfekt verbindet.

✦ **Schmirgelpapier und Schleifklotz:** Viel wichtiger als Feilen ist gerade für die Holzbearbeitung Schmirgelpapier in grober und feiner Körnung. Perfekt in der Hand liegt das Papier, wenn man einen Schleifklotz aus Gummi verwendet.

Alle Werk-Stationen in diesem Buch konnte ich mit den Kindern der Kindertagesstätte „Am Heiligen See“ in Potsdam ausprobieren. Ihnen, dem Kitateam, vor allem ihrer kreativen Atelier-Erzieherin Catrina Steffen, gilt mein Dank!